DÎNERS EXPRESS

MARABOUT

SOMMAIRE

AVANT-PROPOS

Il arrive aux cuisiniers les plus expérimentés d'avoir du mal à préparer un repas, par manque d'ingrédients ou d'inspiration, mais souvent également par manque de temps. De nombreuses recettes modernes sont en effet parfois longues, complexes et nécessitent de passer de nombreuses heures en cuisine. Qu'à cela ne tienne !

Dans ce livre, nous vous proposons, au contraire, de réaliser des plats équilibrés et savoureux en seulement quelques dizaines de minutes. Soupes, salades et assiettes complètes, pâtes, riz ou œufs, il y en a pour tous les goûts, tous les appétits et toutes les occasions ! Que vous ayez envie d'un plat sur le pouce après une journée chargée ou que vous souhaitiez préparer un dîner entre amis

sans que cela vous prenne la journée, vous dénicherez forcément ici une recette alléchante qui vous convienne. Quant au sucré, nul besoin d'être un pâtissier chevronné pour préparer de beaux desserts, avec quelques ustensiles de base. Vous découvrirez dans ce livre des recettes gourmandes qui peuvent être effectuées en dix minutes seulement. Des classiques comme le riz au lait ou le crumble aux pommes, aux plus surprenantes tartelettes poires, chèvre et pistache, vous aurez plaisir à déguster ces douceurs pour un moment réconfortant.

Qui a dit qu'il fallait cuisiner des heures durant pour se régaler ? Bons dîners express !

SOUPES

Froides ou chaudes, les soupes sont délicieuses et bourrées de vitamines. Mais pour les préparer, pas besoin de passer des heures derrière les fourneaux !

GASPACHO ROSE

Préparation : environ 10 minutes

pour 4 personnes

1 kg de pastèque sans pépins, épluchée
1 poivron rouge, épépiné et coupé en petits morceaux
1 concombre libanais, coupé en dés
1 piment jalapeño, finement émincé
1 cuillerée à café de graines de coriandre grillées
1 petite poignée de coriandre
1 cuillerée à soupe de vinaigre de vin rouge

recette

Mixez les deux tiers de la pastèque avec le poivron, les graines de coriandre et le vinaigre jusqu'à obtenir une consistance lisse. Coupez le reste de la pastèque en dés. Versez la soupe mixée dans des bols et garnissez des ingrédients restants ainsi que des dés de pastèque.

SOUPE AUX PETITS POIS

Préparation : environ 15 minutes

pour 2 à 4 personnes

4 ciboules finement hachées
300 g de petits pois surgelés, décongelés
1 petite poignée d'estragon, haché
500 ml d'eau
1 cuillerée à soupe d'huile d'olive
1 poignée de pousses de petits pois

recette

Faites chauffer l'huile et y cuire les ciboules, 5 minutes à couvert, jusqu'à ce qu'elles soient tendres. Versez l'eau et portez à ébullition. Ajoutez les petits pois et laissez frémir 3 minutes. Mixez avec l'estragon jusqu'à obtenir une consistance lisse. Assaisonnez. Garnissez de pousses de petits pois.

CAROTTE & CRÈME DE SÉSAME

Préparation : environ 20 minutes

pour 2 à 4 personnes

1 poireau taillé en demi-rondelles
500 g de carottes coupées en petits morceaux
750 ml d'eau
3 gousses d'ail finement hachées
3 cuillerées à soupe de crème de sésame
1 cuillerée à café de cumin moulu
1 cuillerée à soupe de jus de citron
2 cuillerées à soupe d'huile d'olive
fleur de sel et poivre

recette

Faites chauffer l'huile et faites cuire le poireau et les carottes, 10 minutes à couvert, en remuant de temps à autre. Ajoutez l'ail et le cumin puis laissez cuire 1 minute en remuant. Versez l'eau, portez à ébullition et laissez mijoter jusqu'à ce que les carottes soient bien tendres. Retirez du feu, ajoutez la crème de sésame et le jus de citron. Mixez jusqu'à obtenir une consistance lisse et assaisonnez.

CRÈME DE TOMATE & BASILIC

Préparation : environ 20 minutes

pour 2 à 4 personnes

1 oignon moyen, haché
3 gousses d'ail finement hachées
15 g de brins de basilic, les tiges finement hachées
800 g de tomates pelées en conserve, écrasées
250 ml d'eau
50 cl de crème liquide ou épaisse
1 portion de croûtons aux graines et au fromage
3 cuillerées à soupe d'huile d'olive
fleur de sel et poivre

recette

Faites chauffer l'huile et faites cuire l'oignon, l'ail et les tiges de basilic jusqu'à ce qu'ils soient bien tendres. Ajoutez les tomates et l'eau. Portez à ébullition et laissez frémir 15 minutes. Mixez jusqu'à obtenir une consistance lisse puis incorporez les feuilles de basilic, la crème, du sel et du poivre. Garnissez de croûtons.

CRÈME DE NAVET

Préparation : environ 25 minutes

pour 4 personnes

1 poireau émincé
3 ou 4 petits navets (environ 600 g) pelés et coupés en dés
50 ml de crème liquide ou épaisse
1 litre d'eau
2 cuillerées à soupe de beurre doux
fleur de sel et poivre

recette

Faites fondre le beurre et cuisez-y le poireau et les navets, 10 minutes à couvert, en remuant de temps à autre. Ôtez le couvercle et poursuivez la cuisson, en mélangeant de temps en temps jusqu'à ce que les légumes commencent à dorer. Versez l'eau, portez à ébullition, puis laissez frémir jusqu'à ce qu'ils soient bien tendres. Mixez jusqu'à obtenir une consistance lisse, ajoutez la crème et assaisonnez.

DÉLICE ROUGE AUX POIVRONS

Préparation : environ 25 minutes

pour 2 à 4 personnes

1 oignon moyen, coupé en dés
500 g de poivrons rouges, épépinés et coupés en dés
100 g de fromage de chèvre émietté
750 ml d'eau
1 cuillerée à café de feuilles de thym
2 cuillerées à café de paprika fort
2 cuillerées à soupe de beurre doux
fleur de sel et poivre

recette

Faites fondre le beurre et faites cuire l'oignon, les poivrons et les feuilles de thym, 15 minutes à couvert, en remuant de temps à autre. Ajoutez le paprika et poursuivez la cuisson 1 minute. Versez l'eau, portez à ébullition, puis laissez frémir jusqu'à ce que les légumes soient bien tendres. Mixez jusqu'à obtenir une consistance lisse, assaisonnez et garnissez de fromage de chèvre.

CHOU-FLEUR & CHEDDAR

Préparation : environ 20 minutes

pour 2 à 4 personnes

1 oignon doux, haché
1 petit chou-fleur (environ 500 g), les feuilles extérieures retirées, les tiges hachées et les fleurettes finement hachées
250 ml de lait entier
150 g de cheddar affiné, râpé
750 ml d'eau
2 cuillerées à soupe de beurre doux
fleur de sel et poivre

recette

Faites fondre le beurre et faites cuire l'oignon 10 minutes à couvert, en remuant de temps à autre. Ôtez le couvercle, ajoutez les tiges de chou-fleur et laissez cuire, en remuant, jusqu'à ce qu'elles soient dorées. Ajoutez les fleurettes, l'eau et le lait, portez à ébullition et laissez mijoter jusqu'à ce que le chou-fleur soit bien tendre. Mixez jusqu'à obtenir une consistance lisse puis incorporez le cheddar en mélangeant jusqu'à ce qu'il soit fondu. Assaisonnez.

BROCOLI & BLEU

Préparation : environ 20 minutes

pour 2 à 4 personnes

600 g de brocoli, les tiges finement hachées
et les fleurettes coupées en petits morceaux
100 g de bleu, la croûte retirée et émietté
1 oignon moyen, coupé en dés
750 ml d'eau
1 cuillerée à soupe de beurre doux

recette

Faites fondre le beurre et faites cuire l'oignon à couvert, en remuant de temps à autre, jusqu'à ce qu'il soit bien tendre. Ajoutez les tiges de brocoli et laissez cuire 5 minutes, en mélangeant. Versez l'eau, portez à ébullition, puis ajoutez les fleurettes de brocoli. Laissez frémir jusqu'à ce que le brocoli soit bien tendre. Mixez jusqu'à obtenir une consistance lisse. Garnissez de bleu émietté.

CITRON & PANAIS

Préparation : environ 30 minutes

pour 2 à 4 personnes

2 poireaux finement hachés
2 gros panais pelés, le cœur retiré, et coupés en petits morceaux
250 ml de lait
750 ml d'eau
1 brin de romarin
½ citron
2 cuillerées à soupe de beurre doux
fleur de sel et poivre

recette

Faites chauffer le beurre jusqu'à ce qu'il soit fondu et que de l'écume se forme. Ajoutez les poireaux ainsi que les panais et laissez cuire jusqu'à ce qu'ils commencent à dorer. Ajoutez le romarin, le demi-citron et l'eau puis portez à ébullition. Laissez frémir jusqu'à ce que les panais soient bien tendres. Jetez le romarin, pressez le demi-citron puis mixez jusqu'à obtenir une consistance lisse. Ajoutez le lait et assaisonnez.

DOUCEUR DE PETITS RIENS

Préparation : environ 30 minutes

pour 2 à 4 personnes

1 poireau moyen, coupé en petits morceaux
1 patate douce moyenne (environ 275 g), coupée en petits morceaux
1 grosse carotte (175 g) coupée en petits morceaux
125 ml de lait de coco
750 ml d'eau
3 gousses de cardamome, les cosses retirées et les graines finement hachées
15 g de gingembre pelé et finement râpé
1 cuillerée à soupe d'huile d'olive
fleur de sel et poivre

recette

Faites chauffer l'huile et faites cuire le poireau, la patate douce et la carotte, 15 minutes à couvert, en remuant de temps à autre. Ajoutez la cardamome ainsi que le gingembre et laissez cuire 1 minute. Versez l'eau, portez à ébullition puis laissez frémir jusqu'à ce que les ingrédients soient bien tendres. Mixez jusqu'à obtenir une consistance lisse, incorporez le lait de coco et assaisonnez.

SALADES

Colorées et appétissantes, ces salades se préparent très rapidement et raviront vos papilles !

SALADE DE TOMATES & BURRATA

Préparation : 5 minutes

pour 4 personnes, en accompagnement ou en entrée

4 grosses tomates mûres, si possible des variétés anciennes
1 poignée de feuilles de basilic
2 grosses boules de burrata
huile d'olive, pour arroser
sel et poivre noir du moulin

recette

Coupez les tomates en quartiers, ciselez les feuilles de basilic (réservez-en quelques-unes) et mélangez-les avec les tomates. Coupez les boules de burrata et répartissez-les dans les assiettes. Disposez les tomates autour, arrosez d'un filet d'huile d'olive, salez, poivrez et garnissez avec les feuilles de basilic restantes. Servez.

BETTERAVE & CHÈVRE

Préparation : environ 15 minutes

pour 2 à 4 personnes

250 g de betteraves cuites, en fines lamelles
250 g de fromage blanc de chèvre ou de fromage de chèvre émietté
1 oignon rouge coupé en deux puis émincé finement
1 quantité de vinaigrette simple (p. 64)
1 cuillerée à soupe d'estragon haché, plus quelques feuilles pour la décoration
poivre

recette

Mélangez la vinaigrette avec l'estragon haché.

Disposez les betteraves, l'oignon et le fromage dans un plat.

Versez la sauce dessus puis parsemez de feuilles d'estragon et poivrez. Servez immédiatement.

FIGUES, COPPA & BURRATA

Préparation : environ 10 minutes

pour 2 personnes

4 poignées de feuilles de salade, par exemple de la roquette, du mizuna ou des jeunes pousses
6 figues coupées en deux
8 tranches de coppa
1 grosse ou 2 petites boules de burrata
3 cuillerées à soupe de pistaches concassées
90 ml d'huile d'olive vierge extra
45 ml de vinaigre balsamique
sel et poivre

recette

Émulsionnez l'huile, le vinaigre, le sel et le poivre. Répartissez les feuilles de salade dans un plat et disposez les figues et la coppa par-dessus.

Ajoutez la burrata dans le plat, soit en boule, soit coupée en deux.

Ajoutez la sauce à votre goût et saupoudrez de pistaches. Servez immédiatement.

FENOUIL & PAMPLEMOUSSE

Préparation : environ 10 minutes

pour 2 à 4 personnes

2 pamplemousses roses pelés à vif, coupés en deux puis en rondelles
2 bulbes de fenouil moyens, sans la partie dure, coupés en deux puis émincés finement en conservant les feuilles
20 g d'amandes grillées et concassées grossièrement
1 quantité de vinaigrette simple (p. 64)
2 cuillerées à café de miel
fleurs de fenouil (facultatif)
sel et poivre

recette

Mélangez la vinaigrette et le miel. Disposez les pamplemousses, les bulbes de fenouil et une grande partie des amandes dans un plat creux. Versez de la sauce en quantité suffisante pour les napper.

Salez et poivrez à votre convenance. Saupoudrez le reste des amandes, des feuilles et des fleurs de fenouil. Servez immédiatement.

FÈVES, RICOTTA & PÊCHES

Préparation : environ 10 minutes

pour 2 à 4 personnes

300 g de ricotta
250 g de fèves fraîches ou surgelées, blanchies, sans la peau
4 grosses ou 6 petites pêches coupées en lamelles
2 grosses poignées de jeunes pousses variées
½ cuillerée à café de sel fumé, voire plus à votre convenance
3 cuillerées à soupe d'huile d'olive vierge extra
le jus d'un citron vert, voire plus à votre convenance

recette

Fouettez la ricotta avec le sel et 1 cuillerée à soupe d'huile d'olive.
Disposez les jeunes pousses, les pêches et les fèves dans un plat.
Ajoutez le reste d'huile d'olive et le jus de citron vert.

Parsemez de ricotta fouettée ou disposez-la en boule. Rajoutez du sel, du poivre et du jus de citron vert, selon votre goût. Servez immédiatement.

MAÏS & TRÉVISE

Préparation : environ 10 minutes

pour 2 à 4 personnes

1 salade trévise coupée en deux, évidée et tranchée
les grains de maïs crus de 2 épis
100 g de jambon cuit fumé en dés
1 quantité de vinaigrette simple (p. 64) à base de jus de citron
1 cuillerée à soupe bombée de parmesan râpé
1 cuillerée à café de miel
3 cuillerées à soupe de fines herbes ciselées, par exemple du persil plat, de l'aneth, du basilic, de la ciboulette ou un mélange

recette

Mélangez la vinaigrette, le parmesan et le miel.
Dans un saladier, disposez la trévise, le maïs et le jambon.

Versez de la sauce en quantité suffisante pour napper les ingrédients.
Incorporez délicatement les fines herbes et servez immédiatement.

CAROTTES & PISTACHES

Préparation : environ 10 minutes

pour 2 à 4 personnes

300 g de carottes taillées en julienne
60 g de raisins secs
4 cuillerées à soupe de pistaches grillées
40 g de coriandre hachée grossièrement
1 quantité de sauce moyen-orient (p. 66)
sel et poivre

recette

Dans un saladier, disposez les carottes, les pistaches, les raisins et la coriandre puis versez de la sauce en quantité suffisante pour les napper.

Salez et poivrez, selon votre goût.

Réservez pendant 15 minutes avant de servir pour laisser les saveurs se mêler.

KALE, TOMATES & POIS CHICHES

Préparation : environ 10 minutes

44

pour 2 à 4 personnes

200 g de pois chiches cuits ou en conserve, rincés et égouttés
4 grosses poignées de pousse de chou kale
30 tomates cerises coupées en deux
3 cuillerées à soupe de tahini
2 cuillerées à soupe de jus de citron, voire plus à votre convenance
½ gousse d'ail pelée et écrasée
sel et poivre

recette

Mélangez le tahini, le jus de citron, l'ail, le sel et le poivre. Ajoutez 50 ml d'eau froide et fouettez pour émulsionner.

Disposez le chou kale, les tomates et les pois chiches dans un saladier, puis versez de la sauce en quantité suffisante pour les napper. Rajoutez du sel et du poivre ou du jus de citron, selon votre goût.

Réservez pendant 15 minutes à 1 heure avant de servir pour laisser les saveurs se mêler.

SALADE WALDORF AU POULET

Préparation : environ 10 minutes

pour 2 à 4 personnes

3 blancs de poulet moyens, cuits et émincés
2 branches de céleri émincées
1 pomme rouge taillée en allumettes
2 poignées de feuilles de salade croquantes, déchirées si elles sont grandes
50 g de cerneaux de noix grillés et coupés en deux
150 g de raisins noirs sans pépins coupés en deux
100 g de yaourt à la grecque
1 cuillerée à soupe d'estragon haché
1 cuillerée à soupe de jus de citron
sel et poivre

recette

Mélangez le yaourt, l'estragon et le jus de citron. Salez et poivrez.

Disposez tous les autres ingrédients, à l'exception de la salade, dans un bol.

Versez de la sauce au yaourt en quantité suffisante sur le mélange à base de poulet pour enrober copieusement les ingrédients.

Placez la salade dans un saladier et surmontez-la du mélange au poulet. Servez immédiatement.

SALADE CALIFORNIENNE

Préparation : environ 15 minutes

pour 2 à 4 personnes

150 g de viande de poulet cuite et émincée
8 tomates cerises variées, coupées en deux
80 g de grains de maïs crus
1 tranche de lard émincée en lardons et grillée
2 œufs durs, coupés en deux
1 avocat
60 g de fromage de chèvre émietté
4 grandes ou 8 petites feuilles
de laitue romaine émincées finement
4 feuilles de chou palmier (noir de Toscane),
sans la côte centrale, émincées finement
2 quantités de vinaigrette simple (p. 64) à base de vinaigre de vin rouge
½ cuillerée à soupe de miel ou de sirop d'agave

recette

Répartissez la laitue et le chou dans un plat de service ou dans différentes assiettes, puis disposez le poulet, les tomates, le maïs, les lardons et les œufs dessus.

Coupez l'avocat en dés puis ajoutez-les à la salade. Terminez en saupoudrant le fromage de chèvre. Émulsionnez la vinaigrette avec le miel et versez-en, selon votre goût. Servez immédiatement.

SALADE GRECQUE

Préparation : environ 10 minutes

pour 2 à 4 personnes

250 g de tomates bien mûres coupées en dés
150 g de feta
1 concombre moyen, coupé en dés
20 olives noires, dénoyautées
½ oignon rouge émincé finement
2 quantités de vinaigrette simple (p. 64) à base de vinaigre de vin rouge et d'huile d'olive au lieu du mélange huile végétale/huile d'olive
2 cuillerées à soupe bombées d'origan haché
1 citron confit, sans la pulpe, avec la peau émincée finement (facultatif)
sel

recette

Laissez tremper l'oignon dans la vinaigrette pendant 20 minutes, puis égouttez-le en réservant la sauce.

Disposez les tomates dans un plat et saupoudrez-les de sel. Ajoutez le concombre, les olives, l'origan et l'oignon. Versez de la vinaigrette en quantité suffisante pour napper les ingrédients.

Émiettez la feta dessus et parsemez de citron confit. Servez immédiatement.

CÉRÉALES, BETTERAVES & NOIX

Préparation : environ 10 minutes

pour 2 à 4 personnes

250 g de céréales cuites, par exemple de l'épeautre ou de l'orge perlé, égouttées et rincées
1 petit bouquet de cresson (environ 85 g) sans les plus grosses tiges
2 petites betteraves (environ 200 g) pelées et râpées
60 g de noix torréfiées, hachées grossièrement
1 quantité de vinaigrette simple (p. 64)
1 cuillerée à café de vinaigre balsamique
2 cuillerées à café de zeste de citron haché finement
sel et poivre

recette

Versez 2 cuillerées à soupe de vinaigrette dans un saladier et émulsionnez avec le vinaigre balsamique et les zestes de citron. Ajoutez les céréales et le cresson puis mélangez pour répartir la sauce.

Incorporez délicatement les betteraves puis ajoutez du sel et du poivre, selon votre goût. Rajoutez de la vinaigrette, si nécessaire.

Saupoudrez les noix dessus et servez immédiatement.

TABOULÉ VERT

Préparation : environ 10 minutes

pour 2 à 4 personnes

80 g de céréales cuites, par exemple de l'orge, de l'épeautre ou de l'engrain
200 g de tomates variées bien mûres en quartiers
100 g de concombre en fines rondelles
½ oignon rouge haché finement
45 ml de jus de citron, voire plus à votre convenance
2 cuillerées à café de ras el-hanout
50 g de persil plat haché finement
1 poignée de pourpier haché
25 g de feuilles de menthe ciselées finement
45 ml d'huile d'olive vierge extra, voire plus à votre convenance
sel et poivre

recette

Mettez les céréales, les tomates, le concombre et l'oignon dans un saladier. Ajoutez le jus de citron, le ras el-hanout, les fines herbes, l'huile d'olive ainsi que le sel et le poivre.

Mélangez délicatement et rajoutez du jus de citron, de l'huile d'olive, du sel et du poivre, selon votre goût. Réservez pendant 20 minutes pour laisser les saveurs se mêler avant de servir.

REINE DE SABA

Préparation : environ 10 minutes

pour 2 à 4 personnes

300 g de céréales cuites, par exemple du boulgour, de l'orge, de l'épeautre ou un mélange, rincées et égouttées
1 poignée de cerises ou d'épines-vinettes séchées
les grains de ½ grenade
1 quantité de sauce moyen-orient (p. 66)
4 cuillerées à soupe d'amandes effilées, grillées
1 grosse poignée de persil plat haché grossièrement
1 grosse poignée de feuilles de menthe ciselées grossièrement
2 cuillerées à café de zestes de citron hachés finement
sel et poivre

recette

Faites chauffer la sauce dans une petite casserole à feu doux. Ajoutez 3 cuillerées à soupe de sauce aux céréales. Laissez refroidir.

Ajoutez les autres ingrédients aux céréales, à l'exception des grains de grenade.

Mélangez puis rajoutez de la sauce ou du sel et du poivre, selon votre goût. Parsemez de grains de grenade au moment de servir.

LENTILLES, CERISES & ROQUETTE

Préparation : environ 10 minutes

pour 2 à 4 personnes

500 g de lentilles vertes du Puy cuites ou en conserve, rincées et égouttées
350 g de cerises dénoyautées et coupées en quatre
1 grosse poignée de feuilles de salade, par exemple de la roquette, du mizuna ou du pissenlit
2 quantités de vinaigrette simple (p. 64) à base de vinaigre balsamique
1 gousse d'ail pelée et écrasée
2 cuillerées à café de miel
sel et poivre

recette

Mélangez la vinaigrette, l'ail et le miel.

Dans un plat creux, mélangez les lentilles, les cerises, les feuilles de salade et de la sauce en quantité suffisante pour napper les ingrédients.

Salez et poivrez généreusement puis servez immédiatement.

TABOULÉ MÉDITERRANÉEN

Préparation : environ 15 minutes

pour 2 à 4 personnes

350 g de couscous israélien à gros grain cuit
80 g de poivrons rouges marinés à l'huile, égouttés et coupés en dés
80 g de cœurs d'artichaut marinés à l'huile, égouttés et coupés en dés
80 g d'aubergines marinées à l'huile, égouttées et coupées en dés
60 g de tomates rouges marinées à l'huile, égouttées et coupées en deux
40 g d'olives noires, dénoyautées
45 g de câpres hachées grossièrement
2 quantités de vinaigrette simple (p. 64) à base de vinaigre balsamique
½ gousse d'ail écrasée
1 poignée de feuilles de basilic en morceaux
1 filet de jus de citron
sel et poivre

recette

Agrémentez la vinaigrette avec l'ail. Disposez tous les autres ingrédients dans un saladier et enrobez-les copieusement de sauce.

Rajoutez du sel, du poivre ou du jus de citron, selon votre goût. Réservez pendant 20 minutes avant de servir pour laisser les saveurs se mêler.

QUINOA AU PESTO & À LA FETA

Préparation : environ 10 minutes

pour 2 à 4 personnes

450 g de quinoa rouge ou blanc cuit, rincé et égoutté
75 g de feta
3 oignons nouveaux hachés finement
4 cuillerées à soupe de pignons de pin grillés
15 g de coriandre ciselée
15 g d'aneth haché
15 g de feuilles de menthe ciselées
3 quantités de vinaigrette simple (p. 64)
3 cuillerées à soupe de pesto, voire plus à votre convenance
sel et poivre

recette

Émulsionnez la vinaigrette avec le pesto. Dans un saladier, mélangez délicatement le quinoa, les oignons nouveaux, les fines herbes et la moitié de la feta.

Versez de la sauce en quantité suffisante pour napper les ingrédients, salez et poivrez. Parsemez le reste de feta et les pignons de pin par-dessus. Rajoutez du sel et du poivre ou de la sauce, selon votre goût.

VINAIGRETTE SIMPLE

pour environ 50 ml

1 cuillerée à soupe de vinaigre de vin blanc
½ cuillerée à café de moutarde de Dijon
2 cuillerées à soupe d'huile végétale
1 cuillerée à soupe d'huile d'olive
sel et poivre

recette

Mettez tous les ingrédients dans un pot muni d'un couvercle à vis et secouez vigoureusement jusqu'à ce qu'ils soient bien mélangés.

Variantes : ajoutez des herbes finement ciselées comme de l'estragon ou de la ciboulette, ou bien des échalotes émincées. Utilisez des vinaigres différents ou encore du jus de citron.

SAUCE MOYEN-ORIENT

pour environ 75 ml

1 gousse d'ail pelée et écrasée
½ cuillerée à café de paprika fumé, doux
½ cuillerée à café de cumin moulu
½ cuillerée à soupe de poudre de sumac
4 cuillerées à soupe d'huile d'olive
2 cuillerées à soupe de jus de citron
sel

recette

Mettez tous les ingrédients dans un pot muni d'un couvercle à vis et secouez vigoureusement jusqu'à ce qu'ils soient bien mélangés.

Cette sauce se conserve parfaitement pendant plusieurs jours au réfrigérateur.

ASSIETTES COMPLÈTES

Qu'elles soient végétariennes ou composées de protéines animales,
ces assiettes nourrissantes constituent des repas complets
que vous pourrez préparer en un tour de main !

RATATOUILLE & QUINOA ROUGE

Préparation : 15 minutes

pour 2 personnes

250 g de quinoa cuit (125 g cru)
125 g de courgettes grillées, coupées en morceaux
200 g d'aubergines grillées, coupée en morceaux
30 g de feta émiettée
150 g de tomates cerises coupées en deux
1 filet d'huile d'olive
sel et poivre du moulin

recette

Servez le quinoa, les aubergines et les courgettes dans deux assiettes.
Ajoutez les tomates cerises et la feta. Assaisonnez d'un filet d'huile d'olive, salez et poivrez.

BIBIMBAP

Préparation : 15 minutes

pour 2 personnes

200 g de riz complet cuit (80 g cru)
130 g de courgettes, taillées en bâtonnets et légèrement sautées
80 g de carottes, taillées en bâtonnets et légèrement sautées
100 g de kimchi
2 œufs, cuits au plat
sel et poivre du moulin

recette

Mélangez la moitié du kimchi avec le riz puis disposez ce mélange,
les courgettes et les carottes dans deux bols.
Garnissez du reste de kimchi et des œufs au plat. Salez et poivrez.

TABOULÉ & HOUMOUS

Préparation : 15 minutes

pour 2 personnes

200 g de boulgour cuit (75 g cru)
80 g de concombre, coupé en dés
120 g de houmous
50 g de pickles d'oignon rouge
3 à 4 cuillerées à soupe de chimichurri
1 pain pita, grillé
sel et poivre du moulin

recette

Mélangez le boulgour avec 2 à 3 cuillerées à soupe de chimichurri.
Servez dans deux assiettes et garnissez de houmous, de concombre et de pickles d'oignon rouge.
Arrosez du reste de sauce chimichurri, salez et poivrez. Garnissez de morceaux de pain pita.

CHOU KALE & ŒUF

Préparation : 15 minutes

pour 2 personnes

100 g de chou kale cuit à la vapeur, salé et poivré
200 g de riz complet cuit (80 g cru)
1 avocat, pelé, dénoyauté et coupé en lamelles
60 g de harissa
2 œufs, cuits au plat
sel et poivre du moulin

recette

Servez le riz complet, le chou kale et l'avocat dans deux assiettes. Garnissez chacun de 2 à 3 cuillerées à soupe de harissa et de 1 œuf au plat. Salez et poivrez.

BROCOLI & TOFU

Préparation : 15 minutes

pour 2 personnes

250 g de sarrasin cuit (95 g cru)
150 g de tofu grillé à la poêle (250 g cru)
150 g de brocoli cuit
2 à 4 cuillerées à soupe de sauce au miso & citron vert (p. 100)
sel et poivre du moulin
graines de sésame, pour parsemer

recette

Mélangez le sarrasin avec 2 cuillerées à soupe de sauce.
Servez-le dans deux bols. Garnissez chacun de brocoli et de tofu, salez et poivrez.
Arrosez du reste de sauce et parsemez de graines de sésame.

PATATE DOUCE & RIZ NOIR

Préparation : 15 minutes

pour 2 personnes

250 g de riz noir cuit (100 g cru)
250 g de patate douce, coupée en dés et rôtie
120 g de chou rouge, finement émincé
15 g de pickles d'oignon rouge
2 à 3 cuillerées à soupe de sauce à la moutarde (p. 102)
sel et poivre du moulin

recette

Mélangez le chou avec 1 cuillerée à soupe de sauce et une pincée de sel. Massez-le avec la sauce pour l'attendrir. Servez le riz noir avec les patates douces et le chou dans deux assiettes. Garnissez de pickles d'oignon rouge et arrosez du reste de sauce. Salez et poivrez.

FALAFELS & BABA GANOUSH

Préparation : 15 minutes

pour 2 personnes

200 g de freekeh cuit (90 g cru)
100 g de falafels
175 g de baba ganoush
80 g de tomates cerises coupées en deux
25 g de pickles d'oignon rouge
sel et poivre du moulin
1 pain pita, grillé et coupé en quartiers, pour garnir

recette

Disposez le freekeh, le baba ganoush, les falafels, les tomates cerises et les pickles d'oignon rouge dans deux assiettes. Arrosez d'un peu d'huile de la garniture aux tomates cerises. Salez, poivrez puis ajoutez les quartiers de pain pita.

BOL CALIFORNIEN

Préparation : 15 minutes

pour 2 personnes

200 g d'orge perlé cuit (70 g cru)
150 g de patate douce coupée en dés, rôtie (225 g crue)
3 betteraves crues (100 g), coupées en fins bâtonnets
1 avocat (130 g), pelé, dénoyauté et coupé en dés
3 à 4 cuillerées à soupe de sauce au miso & citron vert (p. 100)
sel et poivre du moulin
1 petite poignée de graines germées, pour garnir

recette

Servez l'orge, la patate douce, la betterave et l'avocat dans deux bols. Arrosez de sauce, salez et poivrez. Garnissez de graines germées.

BŒUF THAÏ & RIZ NOIR

Préparation : 15 minutes

pour 2 personnes

250 g de riz noir cuit (100 g cru)
200 g de bavette cuite, coupée en tranches
50 g de concombre, coupé en rondelles
50 g de petites feuilles de laitue romaine
3 à 4 cuillerées à soupe de sauce soja
sel et poivre du moulin

recette

Mélangez le riz, la bavette, le concombre et la laitue dans un saladier avec la sauce.
Servez dans deux bols et assaisonnez.

POULET À LA CALIFORNIENNE

Préparation : 15 minutes

pour 2 personnes

230 g de farro cuit (115 g cru)
140 g de poulet cuit, coupé en dés
1 avocat, pelé, dénoyauté et coupé en dés
40 g de graines germées
3 à 4 cuillerées à soupe de sauce à la moutarde (p. 102)
sel et poivre du moulin

recette

Mélangez le farro avec 1 à 2 cuillerées à soupe de sauce.
Servez dans deux bols et garnissez de poulet, d'avocat et de graines germées.
Arrosez du reste de sauce, salez et poivrez.

PORC & HARICOTS VERTS

Préparation : 15 minutes

pour 2 personnes

200 g de riz complet cuit (80 g cru)
150 g de viande de porc hachée
100 g de haricots verts, grillés à la poêle et coupés en deux
100 g de petits pak-choï, sautés et coupés en deux
3 à 4 cuillerées à soupe de sauce soja
sel et poivre du moulin

recette

Disposez le riz, la viande, les haricots verts et le pak-choï dans deux assiettes. Arrosez de sauce, salez et poivrez.

SAUMON & AVOCAT

Préparation : 15 minutes

pour 2 personnes

200 g de farro cuit (100 g cru)
150 g de filet de saumon, cuit
80 g de pois gourmands, émincés
1 avocat, pelé, dénoyauté et coupé en lamelles
3 à 4 cuillerées à soupe de sauce au soja
sel et poivre du moulin

recette

Mélangez le farro avec 1 à 2 cuillerées à soupe de sauce.
Servez dans deux assiettes et garnissez de saumon, de pois gourmands et d'avocat.
Arrosez du reste de sauce, salez et poivrez.

THON & HARICOTS BLANCS

Préparation : 15 minutes

pour 2 personnes

200 g de quinoa cuit (100 g cru)
200 g de haricots blancs en conserve, égouttés et rincés
140 g de thon en conserve, égoutté
2 cuillerées à soupe de câpres
3 à 4 cuillerées à soupe de chimichurri
sel et poivre du moulin

recette

Servez le quinoa, le thon, les haricots et les câpres dans deux assiettes. Arrosez de sauce chimichurri, salez et poivrez.

CREVETTES & ANANAS À LA CARIBÉENNE

Préparation : 15 minutes

pour 2 personnes

250 g de riz complet cuit (100 g cru)
200 g de crevettes sautées (avec 1 ½ cuillerée à café d'épices jamaïcaines), décortiquées en laissant la queue
1 avocat, pelé, dénoyauté et coupé en lamelles
150 g d'ananas coupé en dés
3 à 4 cuillerées à soupe de sauce aux agrumes (p. 104) mélangée avec ½ cuillerée à café d'épices jamaïcaines
sel et poivre du moulin
1 petite poignée de coriandre (uniquement les feuilles), finement hachée

recette

Mélangez le riz avec la sauce. Disposez dans deux assiettes. Garnissez de crevettes, d'ananas et d'avocat. Salez, poivrez et parsemez de coriandre.

YAOURT À L'ANETH

Préparation : 10 minutes

pour 250 ml

200 g de yaourt nature
2 cuillerées à soupe d'aneth, haché
2 cuillerées à soupe de jus de citron (1 citron)
½ cuillerée à café de sel
½ cuillerée à café de poivre du moulin

recette

Dans un bol, mélangez le yaourt avec l'aneth et le jus de citron. Salez et poivrez.

SAUCE AU MISO & CITRON VERT

Préparation : 10 minutes

pour 125 ml

50 ml d'huile végétale neutre
50 ml de vinaigre de riz
3 cuillerées à soupe de pâte de miso
1 cuillerée à soupe de jus de citron vert

recette

Fouettez tous les ingrédients dans un bol jusqu'à ce que le miso soit dissous.

SAUCE À LA MOUTARDE

Préparation : 10 minutes

pour 150 ml

1 cuillerée à café de moutarde de Dijon
1 cuillerée à soupe de miel
1 cuillerée à soupe de jus de citron
125 ml d'huile d'olive
¼ de cuillerée à café de sel
¼ de cuillerée à café de poivre du moulin

recette

Fouettez le miel, la moutarde et le jus de citron dans un bol jusqu'à l'obtention d'un mélange homogène. Incorporez progressivement l'huile, sans cesser de fouetter. Salez et poivrez.

SAUCE AUX AGRUMES

Préparation : 10 minutes

pour 125 ml

1 cuillerée à café de zeste de citron
1 cuillerée à café de zeste d'orange
2 cuillerées à café de jus de citron
2 cuillerées à café de jus d'orange
2 cuillerées à café de miel
1 cuillerée à soupe d'échalote finement hachée
150 ml d'huile d'olive
¼ de cuillerée à café de sel

recette

Fouettez tous les ingrédients dans un bol.
Conservez la préparation dans un bocal ou une boîte, au réfrigérateur.

PÂTES & RIZ

Simples à réaliser, vous aurez plaisir à déguster ces plats savoureux et réconfortants, préparés en seulement quelques dizaines de minutes.

SPAGHETTIS ARRABIATA

Préparation : 20 minutes

pour 4 personnes

450 g de spaghettis frais
250 g de tomates concassées en conserve
4 gousses d'ail, finement hachées
1 cuillerée à soupe de piment de Cayenne
2 cuillerées à soupe d'huile d'olive
sel

recette

Faites revenir l'ail dans l'huile pendant 3 minutes jusqu'à ce qu'il sente bon. Incorporez le piment de Cayenne et poursuivez la cuisson pendant 1 minute. Ajoutez les tomates et laissez mijoter pendant 10 minutes jusqu'à ce que la sauce épaississe. Assaisonnez. Terminez par les pâtes chaudes et un soupçon d'eau de cuisson. Mélangez pour les enrober.

SPAGHETTIS CARBONARA

Préparation : 23 à 35 minutes

pour 4 personnes

500 g de spaghettis
100 g de parmesan râpé + un peu pour garnir
3 œufs + 2 jaunes d'œufs
100 g de lard fumé ou de bacon haché
1 pincée de poivre blanc
½ cuillerée à soupe d'huile d'olive

recette

Faites cuire les spaghettis 2 minutes de moins que les indications figurant sur l'emballage. Égouttez-les en réservant un peu d'eau de cuisson. Pendant ce temps, mélangez les œufs et les jaunes d'œufs, le parmesan et le poivre blanc. Faites chauffer l'huile dans une poêle et faites dorer les lardons pendant 2 minutes. Ajoutez les spaghettis, mélangez et coupez le feu. Versez la préparation à base d'œufs et un filet d'eau de cuisson sur les pâtes. Mélangez jusqu'à l'obtention d'une sauce crémeuse. Saupoudrez de parmesan et servez.

RAVIOLIS RICOTTA-ÉPINARDS

Préparation : 18 minutes

pour 4 personnes

450 g de raviolis à la ricotta et aux épinards
300 g de courgettes (soit 2 moyennes) coupées en dés
1 bouquet de basilic (soit environ 25 g), sans les tiges
1 échalote émincée
le zeste de 1 citron, finement haché
90 ml d'huile d'olive, plus 2 cuillerées à soupe
sel et poivre

recette

Mixez les feuilles de basilic, en versant progressivement 90 ml d'huile, jusqu'à l'obtention d'une texture lisse. Faites revenir l'échalote dans 2 cuillerées à soupe d'huile jusqu'à ce qu'elle soit tendre. Ajoutez les courgettes et laissez mijoter pendant 5 minutes. Assaisonnez. Terminez par les pâtes chaudes et l'huile au basilic. Mélangez pour les enrober et parsemez de zestes de citron.

TORTELLINI, SAUCE AUX CÈPES

Préparation : 20 minutes

pour 4 personnes

450 g de tortellini aux champignons
200 ml de crème fraîche épaisse
60 g de parmesan, finement râpé
30 g de beurre doux
2 cuillerées à soupe de poudre de cèpes ou 6 g de cèpes séchés, finement moulus à l'aide d'un moulin à épices
les feuilles de 4 branches de thym
sel et poivre

recette

Faites chauffer le beurre et la crème à feu doux. Incorporez la poudre de cèpes, faites frémir et laissez sur le feu pendant 5 minutes de façon que la crème épaississe. Réduisez le feu. Ajoutez le fromage et faites-le fondre pendant 5 minutes. Assaisonnez. Terminez par les pâtes chaudes, mélangez pour les enrober et parsemez de feuilles de thym.

GNOCCHIS CHAMPIGNONS-POIREAUX

Préparation : 30 minutes

pour 4 personnes

450 g de gnocchis de pomme de terre
1 blanc de poireau moyen, coupé en fines rondelles
300 g de champignons frais, variés, grossièrement émincés
300 ml de bouillon de poulet
50 ml de vin blanc sec
25 g de beurre doux
1 cuillerée à soupe d'huile d'olive
quelques brins de ciboulette ciselés
sel et poivre

recette

Faites fondre le poireau dans l'huile et le beurre pendant 3 minutes jusqu'à ce qu'il soit tendre. Incorporez les champignons, assaisonnez et laissez cuire 10 minutes jusqu'à ce qu'ils prennent une couleur dorée. Versez le vin et laissez sur le feu pendant 1 minute. Ajoutez le bouillon et laissez mijoter de façon que la sauce réduise légèrement. Répartissez les pâtes dans les assiettes. Versez la sauce aux champignons et parsemez de ciboulette.

PAPARDELLE AUX ASPERGES

Préparation : 25 minutes

pour 4 personnes

375 g de papardelle aux œufs
2 bottes de grosses asperges (soit environ 850 g) taillées en fines lamelles à la mandoline
60 g de mascarpone
50 g de parmesan râpé finement
½ oignon jaune coupé en fines lamelles
45 g de beurre doux
sel et poivre

recette

Faites fondre le beurre puis faites-y revenir l'oignon jusqu'à ce qu'il soit tendre. Baissez le feu au minimum et incorporez le mascarpone et le parmesan en mélangeant jusqu'à l'obtention d'une texture lisse. Réservez. Faites blanchir les asperges pendant 30 secondes avant la fin de la cuisson des pâtes. Ajoutez les asperges, les pâtes chaudes et un soupçon d'eau de cuisson à la préparation au mascarpone. Assaisonnez et mélangez pour bien enrober le tout.

FUSILLI AU PESTO

Préparation : 15 à 17 minutes

pour 4 personnes

300 g de fusilli
100 g de feuilles de basilic
50 g de pignons de pin
50 g de parmesan
150 ml d'huile d'olive vierge extra
2 gousses d'ail
sel

recette

Faites cuire les fusilli en suivant les indications figurant sur l'emballage. Égouttez-les en réservant un peu d'eau de cuisson et remettez-les dans la casserole. Pendant ce temps, pilez l'ail et une belle pincée de sel, au pilon ou au robot, jusqu'à l'obtention d'une pâte. Incorporez progressivement le basilic et les pignons – la consistance de la sauce doit être granuleuse. Transférez-la dans un bol, puis incorporez le parmesan et l'huile, en alternance. Mélangez avec les pâtes en ajoutant un peu d'eau de cuisson pour détendre la sauce.

NOUILLES À LA SAUCE AUX CACAHUÈTES

Préparation : 9 minutes

pour 4 personnes

250 g de nouilles chinoises aux œufs
100 g de beurre de cacahuètes avec des morceaux
2 cuillerées à soupe de sauce aux piments doux
1 cuillerée à soupe de sauce soja
le jus de ½ citron vert + selon votre goût

recette

Faites cuire les nouilles en suivant les indications figurant sur l'emballage, puis égouttez-les bien. Pendant ce temps, mélangez les autres ingrédients avec 3 ou 4 cuillerées à soupe d'eau tiède pour confectionner une sauce. Salez, poivrez, goûtez et ajoutez si nécessaire du jus de citron vert. Mélangez la sauce et les nouilles chaudes avant de servir.

FARFALLES FENOUIL-SARDINE

Préparation : 25 minutes

pour 4 personnes

400 g de farfalles
3 conserves de sardines, sans peaux et sans arêtes, émiettées
½ oignon rouge, émincé
2 bulbes de fenouil moyens, émincés
150 ml de vin blanc sec
1 cuillerée à soupe de beurre doux
¾ de cuillerée à café de piment de Cayenne
10 brins de persil grossièrement haché, sans les tiges
1 cuillerée à soupe d'huile d'olive
sel

recette

Faites chauffer le beurre et l'huile, ajoutez l'oignon et le fenouil, assaisonnez. Laissez cuire pendant 10 à 12 minutes jusqu'à ce qu'ils soient dorés. Incorporez le piment de Cayenne et laissez chauffer pendant 1 minute. Versez le vin et laissez sur le feu pendant 2 minutes. Ajoutez les sardines, les pâtes chaudes et un soupçon d'eau de cuisson. Mélangez délicatement pour les enrober. Parsemez de persil.

RISOTTO À LA PIÉMONTAISE

Préparation : 30 minutes

pour 2 personnes

180 g de riz carnaroli ou arborio
1 oignon finement haché
30 ml de vin blanc sec
600 ml de bouillon de légumes chaud
40 g de parmesan râpé
40 g de beurre
poivre

recette

Faites suer l'oignon 5 minutes dans 20 g de beurre. Ajoutez le riz et laissez nacrer 5 minutes en remuant. Versez le vin, mélangez et, lorsqu'il est évaporé, ajoutez 1 louche de bouillon : faites cuire sans cesser de remuer jusqu'à ce qu'il ne reste plus de liquide. Poursuivez la cuisson en ajoutant 1 louche de bouillon à la fois. Lorsque le riz est tendre et crémeux, retirez du feu. Incorporez le beurre restant et le fromage. Couvrez 5 minutes avant de servir. Poivrez.

RISOTTO AU POTIRON & AU GORGONZOLA

Préparation : 35 minutes

pour 2 personnes

180 g de riz carnaroli ou arborio
1 oignon finement émincé
300 g de potiron pelé, épépiné et coupé en dés
les feuilles de 1 branche de romarin finement hachées
+ un peu pour garnir
600 ml de bouillon de légumes chaud
70 g de gorgonzola coupé en dés
60 g de beurre
sel et poivre

recette

Faites suer l'oignon 5 minutes dans 20 g de beurre. Ajoutez le potiron, le romarin et laissez cuire avec 1 louche de bouillon. Dans une autre casserole, faites nacrer le riz dans 20 g de beurre. Ajoutez le potiron et poursuivez la cuisson en versant 1 louche de bouillon à la fois, jusqu'à ce que le riz soit tendre et crémeux. Baissez le feu, incorporez le beurre restant et le gorgonzola. Remuez jusqu'à ce que le fromage soit fondu. Salez, poivrez et parsemez de romarin.

RISOTTO AUX ASPERGES

Préparation : 30 minutes

pour 2 personnes

180 g de riz carnaroli ou arborio
1 échalote finement hachée
600 ml de bouillon de légumes chaud
250 g d'asperges vertes émincées,
sauf les pointes, laissées entières
60 g de parmesan râpé
40 g de beurre
sel et poivre

recette

Faites suer l'échalote 5 minutes dans 20 g de beurre. Ajoutez le riz et laissez nacrer 5 minutes en remuant. Versez 1 louche de bouillon et les asperges. Faites cuire sans cesser de remuer jusqu'à ce qu'il ne reste plus de liquide. Poursuivez la cuisson en ajoutant 1 louche de bouillon à la fois. Lorsque le riz est tendre et crémeux, retirez du feu. Incorporez le beurre restant et le fromage. Couvrez 5 minutes avant de servir. Salez, poivrez et servez.

RISOTTO AUX FRUITS DE MER

Préparation : 35 minutes

pour 2 personnes

180 g de riz carnaroli ou arborio
1 échalote finement hachée
600 g de fruits de mer variés
(moules, praires, seiches, calamars)
500 ml de fumet de poisson chaud
30 ml de vin blanc sec
quelques brins de persil plat haché
4 cuillerées à soupe d'huile d'olive
sel et poivre

recette

Faites suer la moitié de l'échalote 5 minutes dans 2 cuillerées à soupe d'huile. Ajoutez les moules, les prairies et le vin. Laissez cuire 5 minutes à couvert, sur feu moyen. Retirez les coquillages, jetez ceux qui sont restés fermés, filtrez le jus de cuisson et mélangez-le avec le fumet. Décortiquez la moitié des moules et des prairies. Dans une autre casserole, faites suer la demi-échalote restante 5 minutes dans 2 cuillerées à soupe d'huile. Ajoutez les calamars et les seiches, remuez, puis incorporez le riz et faites nacrer 5 minutes en remuant. Poursuivez la cuisson en versant 1 louche de bouillon à la fois, jusqu'à ce que le riz soit tendre et crémeux. Ajoutez les coquillages cuits quelques minutes avant la fin de la cuisson. Salez, poivrez et parsemez de persil.

RISOTTO AU CITRON & AUX CREVETTES

Préparation : 30 minutes

pour 2 personnes

180 g de riz carnaroli ou arborio
1 échalote finement hachée
30 ml de vin blanc sec
600 ml de bouillon de légumes chaud
8 crevettes crues décortiquées et déveinées
le zeste râpé et le jus de 1 citron
quelques brins de persil plat hachés
40 g de beurre
sel et poivre

recette

Faites suer l'échalote 5 minutes dans 20 g de beurre. Ajoutez le riz et laissez nacrer 5 minutes en remuant. Versez le vin et remuez 1 minute jusqu'à évaporation. Arrosez avec 1 louche de bouillon et faites cuire sans cesser de remuer jusqu'à ce qu'il ne reste plus de liquide. Ajoutez les crevettes et poursuivez la cuisson en versant 1 louche de bouillon à la fois. Lorsque le riz est tendre et crémeux, retirez du feu. Salez et poivrez. Incorporez le beurre restant, le zeste et le jus de citron. Couvrez 5 minutes avant de servir. Parsemez de persil.

RISOTTO À LA MILANAISE

Préparation : 35 minutes

pour 2 personnes

180 g de riz carnaroli ou arborio
½ oignon rouge finement haché
10 g de moelle de bœuf
600 ml de bouillon de bœuf chaud
5 g de safran en filaments
40 g de parmesan râpé
40 g de beurre
sel et poivre

recette

Faites suer l'oignon et la moelle 5 minutes dans 20 g de beurre. Ajoutez le riz et laissez nacrer 5 minutes en remuant. Versez 1 louche de bouillon et mélangez jusqu'à évaporation. Incorporez le safran et poursuivez la cuisson en versant 1 louche de bouillon à la fois. Lorsque le riz est tendre et crémeux, retirez du feu. Salez et poivrez. Incorporez le beurre restant et le fromage. Couvrez 5 minutes avant de servir.

ŒUFS

Brouillés, mollets ou rôtis, au saumon, au bacon ou aux légumes,
les recettes à base d'œufs sont toujours gourmandes et peuvent être réalisées en peu de temps.

OMELETTE AU SAUMON

Préparation : 16 minutes

pour 1 personne

3 œufs
50 ml de crème de coco
10 g de persil plat finement ciselé
2 oignons nouveaux émincés
100 g de saumon frais chaud
(ou de saumon fumé) détaillé en bouchées
1 cuillerée à soupe de câpres
1 cuillerée à soupe d'huile de coco ou d'olive

recette

Battez les œufs avec la crème de coco et 20 ml d'eau. Ajoutez le persil, les oignons nouveaux et le saumon. Mélangez intimement. Faites chauffer l'huile dans une poêle, à feu moyen. Versez-y la préparation. Lorsque l'omelette commence à prendre, parsemez-la de câpres. Remuez et étalez la préparation pour qu'elle se répartisse et cuise uniformément. Quand le dessus est cuit, pliez l'omelette en deux et servez immédiatement.

ŒUFS BROUILLÉS AU BACON

Préparation : 35 minutes

pour 1 personne

2 œufs
1 tranche de bacon coupée en deux
6 à 8 tomates cerises en grappe
½ cuillerée à soupe d'huile de coco
sel
sambal oelek (facultatif)

recette

Préchauffez le four à 200 °C (th. 6-7). Mettez le bacon dans un plat à rôtir et enfournez pour 10 minutes. Retournez le bacon et ajoutez la grappe de tomates. Poursuivez la cuisson 5 à 10 minutes. Fouettez les œufs avec 20 ml d'eau. Faites chauffer l'huile dans une poêle, à feu doux. Ajoutez les œufs, salez et laissez cuire doucement. Servez les œufs accompagnés du bacon, des tomates et, le cas échéant, du sambal oelek.

ŒUFS MOLLETS, TOASTS, PESTO & SALADE

Préparation : 15 à 17 minutes

pour 2 personnes

4 œufs
2 poignées de roquette
4 tranches de pain aux céréales, grillées et coupées en gros dés
80 g de pesto
1 filet d'huile d'olive
sel et poivre

recette

Faites cuire les œufs 5 à 7 minutes dans de l'eau bouillante, puis coupez-les en deux. Répartissez les ingrédients dans deux grands bols. Salez, poivrez et arrosez d'huile d'olive.

ŒUFS MOLLETS & SAUMON FUMÉ

Préparation : 15 minutes

pour 2 personnes

80 g de saumon fumé
300 g de quinoa cuit (150 g cru)
75 g de yaourt à l'aneth (p. 98)
2 œufs mollets, coupés en deux
2 ciboules, émincées dans la longueur et trempées dans de l'eau froide pour qu'elles s'enroulent
sel et poivre du moulin

recette

Répartissez le quinoa, le saumon, les œufs et la sauce dans deux assiettes. Garnissez de ciboule puis salez et poivrez.

ŒUFS RÔTIS AU CHORIZO

Préparation : 17 à 20 minutes

pour 2 personnes

2 œufs
200 g de chorizo en rondelles
1 grosse tomate coupée en dés
1 poignée de pousses d'épinards
½ oignon rouge émincé
1 cuillerée à soupe de vinaigre de vin rouge
½ cuillerée à soupe d'huile d'olive
½ cuillerée à café de paprika fumé
sel et poivre

recette

Préchauffez le four à 180 °C. Dans une poêle allant au four, faites revenir l'oignon rouge dans l'huile d'olive pendant 2 minutes à feu moyen. Mettez les rondelles de chorizo, puis faites-les brunir des deux côtés. Ajoutez la tomate, le paprika fumé, les pousses d'épinards, le vinaigre de vin rouge et 1 cuillerée à soupe d'eau. Laissez mijoter quelques minutes en remuant, puis cassez les œufs dessus. Assaisonnez à votre convenance et enfournez pour 10 à 12 minutes jusqu'à ce que les œufs soient cuits. Répartissez dans 2 bols et servez.

ŒUFS BÉNÉDICTE AU SAUMON

Préparation : 18 minutes

pour 2 personnes

40 g de saumon fumé
20 g de pousses d'épinards
4 œufs
3 jaunes d'œufs
140 g de beurre fondu
1 cuillerée à soupe de jus de citron
½ cuillerée à café de vinaigre de vin rouge
1 pincée de sel
sel et poivre

recette

Dans un blender, mixez les jaunes d'œufs, le jus de citron et le sel pendant 20 à 30 secondes. À vitesse lente, ajoutez petit à petit le beurre fondu et mixez encore quelques secondes. Dans une petite casserole, portez 350 ml d'eau à ébullition. Ajoutez le vinaigre de vin rouge, puis les œufs un par un. Laissez cuire 2 à 3 minutes. Répartissez les pousses d'épinards et le saumon fumé dans 2 assiettes. Garnissez avec les œufs et la sauce hollandaise, puis assaisonnez.

ŒUFS & AUBERGINE AU CHOU KALE

Préparation : 25 minutes

152

pour 1 personne

1 œuf
1 petite aubergine coupée en dés
2 tiges de chou kale, feuilles finement émincées
1 ½ cuillerée à soupe de pignons de pin grillés
½ cuillerée à soupe d'huile de coco
½ échalote finement émincée
½ courgette coupée en dés
1 cuillerée à soupe de vinaigre de cidre
sel

recette

Faites griller les pignons à sec dans une poêle quelques minutes sur feu moyen. Réservez. Versez l'huile dans une casserole et faites-y sauter l'échalote pendant 5 minutes. Ajoutez l'aubergine et la courgette, salez. Poursuivez la cuisson sans cesser de remuer, jusqu'à ce que les légumes soient dorés. Incorporez le chou kale et le vinaigre. Laissez cuire encore 2 ou 3 minutes. Placez les légumes sur une assiette. Faites frire l'œuf, posez-le sur cette brunoise et parsemez de pignons.

FRITTATA

Préparation : 30 minutes

pour 4 personnes

6 œufs légèrement battus
70 g de petits pois surgelés, décongelés
60 g de jambon haché
60 ml de crème fraîche liquide
3 cuillerées à soupe bombées de parmesan râpé
2 cuillerées à soupe d'huile d'olive
sel et poivre noir du moulin

recette

Préchauffez le gril du four. Fouettez les œufs avec la crème fraîche, puis incorporez les petits pois, le jambon et le parmesan. Salez, poivrez. Faites chauffer l'huile dans une poêle de 20 cm de diamètre, sur feu moyen, en la faisant tourner pour bien l'enduire. Versez-y la préparation. Laissez cuire 8 minutes, pour que la base et le centre soient cuits et que le dessus reste baveux et moelleux. Placez 2 minutes sous le gril, jusqu'à ce que la frittata soit gonflée et dorée. Servez-la chaude ou à température ambiante.

PIPERADE

Préparation : 30 minutes

pour 4 personnes

4 œufs
1 gros oignon haché
800 g de tomates concassées en conserve
2 poivrons rouges épépinés et hachés
2 cuillerées à soupe d'huile d'olive
1 cuillerée à café de piment d'Espelette
ou de paprika fumé fort
sel et poivre noir du moulin

recette

Faites chauffer l'huile dans une sauteuse. Ajoutez l'oignon et les poivrons.
Faites revenir 15 minutes à feu doux, puis ajoutez les tomates concassées et le piment.
Laissez mijoter 10 minutes, jusqu'à ce que la préparation épaississe un peu.
Salez et poivrez. Formez 4 puits dans la sauce et cassez un œuf dans chacun d'eux.
Couvrez et poursuivez la cuisson 5 minutes sur feu doux à moyen,
pour que les blancs soient fermes et les jaunes coulants.

DESSERTS

Un dessert clôt agréablement un dîner. Vous trouverez ici quelques recettes traditionnelles ou plus étonnantes pour assouvir vos envies sucrées en seulement... dix minutes ! Régalez-vous.

FRUITS ROUGES & SAUCE CHOCOLAT BLANC

Préparation : 10 minutes

pour 4 personnes

450 g d'un mélange de fruits rouges surgelés
(myrtilles, mûres, framboises, raisins rouges, petites fraises)
140 g de chocolat blanc haché (ou de pépites de chocolat blanc)
125 ml de crème liquide entière
4 amaretti émiettés

recette

Dans une petite casserole sur feu moyen, faites chauffer la crème et le chocolat, jusqu'à ce que ce dernier fonde. Étalez les fruits surgelés sur une assiette et arrosez-les de sauce. Parsemez de biscuits émiettés.

ETON MESS

Préparation : 10 minutes

pour 4 personnes

450 g de fraises équeutées et coupées en quatre
400 ml de crème liquide entière bien froide
110 g de meringues (environ 12) légèrement écrasées
1 cuillerée à soupe de sucre en poudre

recette

Saupoudrez le sucre sur les fraises. Réservez. Dans un saladier, fouettez la crème en chantilly souple. Mélangez avec les meringues, la plupart des fraises et leur jus. Versez dans des coupelles et disposez les fraises restantes sur le dessus.

MÛRES À LA CRÈME

Préparation : 10 minutes

pour 2 personnes

200 g de mûres
200 ml de crème liquide entière bien froide
2 cuillerées à soupe de jus de citron
40 g de sucre blond

recette

Écrasez les mûres avec le jus de citron et la moitié du sucre. Fouettez la crème et le sucre restant en chantilly assez ferme. Mélangez avec les mûres. Répartissez dans des verres pour le service.

TARTELETTES POIRES, CHÈVRE & PISTACHE

Préparation : 5 minutes

pour 4 tartelettes

4 crackers sucrés (ou, à défaut, 8 petits-beurre)
100 g de fromage de chèvre frais à température ambiante
2 petites poires coupées en deux, épépinées et finement tranchées
4 cuillerées à soupe de sirop d'érable
2 cuillerées à soupe de sucre glace
1 cuillerée à soupe de pistaches décortiquées très finement hachées

recette

Écrasez le fromage de chèvre avec le sucre glace. Étalez sur les biscuits.
Ajoutez les tranches de poire, arrosez de sirop d'érable et parsemez de pistaches.

FIGUES AU FROMAGE BLANC & MIEL

Préparation : 5 minutes

pour 4 personnes

175 g de figues fraîches coupées en tranches
250 g de fromage blanc
20 g de pistaches décortiquées grossièrement hachées
4 cuillerées à café de miel

recette

Répartissez le fromage blanc dans 4 assiettes et ajoutez les figues.
Arrosez de miel et parsemez de pistaches.

TARTE AU CITRON MERINGUÉE DÉSTRUCTURÉE

Préparation : 10 minutes

pour 4 personnes

2 biscuits sablés émiettés
4 cuillerées à soupe de lemon curd
50 g de sucre en poudre
1 gros blanc d'œuf

recette

Répartissez le lemon curd dans 4 assiettes. Étirez-le avec le dos d'une cuillère pour lui donner la forme d'une virgule. Parsemez les miettes de sablés dessus. Fouettez le blanc d'œuf pour qu'il soit épais et mousseux, puis incorporez le sucre – 1 cuillerée à soupe à la fois – jusqu'à ce que des pointes fermes se forment. Ajoutez la meringue dans les assiettes et dorez la surface au chalumeau.

MINI-PAVLOVAS NECTARINE-MANGUE

Préparation : 10 minutes

pour 4 pavlovas

½ mangue pelée, dénoyautée et coupée en tranches
1 nectarine dénoyautée et coupée en dés
50 g de mascarpone
50 ml de crème liquide entière
1 cuillerée à soupe de confiture d'abricot
4 meringues en forme de nid

recette

Fouettez le mascarpone et la crème liquide jusqu'à ce que des pointes se forment. Incorporez la confiture, puis disposez cette crème dans les meringues. Recouvrez de fruits.

MADELEINES À LA RICOTTA & CONFITURE

Préparation : 5 minutes

pour 4 personnes

8 madeleines

4 cuillerées à soupe de ricotta

8 cuillerées à café de confiture de framboises

recette

Étalez la ricotta sur les madeleines et recouvrez de confiture.
Répartissez dans 4 assiettes à dessert pour servir.

TIRAMISU MINUTE

Préparation : 5 minutes

pour 4 personnes

16 biscuits à la cuillère
180 ml de café froid
125 g de mascarpone
150 ml de crème liquide entière bien froide
1 cuillerée à soupe de sucre en poudre
1 cuillerée à café de cacao amer en poudre

recette

Fouettez le mascarpone, la crème liquide et le sucre jusqu'à ce que des pointes souples se forment. Mettez 2 biscuits à la cuillère dans chaque assiette et arrosez-les de café. Déposez 1 cuillerée de crème fouettée sur les biscuits. Répétez l'opération en superposant des biscuits et la crème. Saupoudrez de cacao.

BISCUITS FOURRÉS À LA GLACE À LA PISTACHE

Préparation : 5 minutes

pour 4 biscuits fourrés

8 sablés ronds
4 boules de glace à la pistache
30 g de pistaches décortiquées grossièrement hachées

recette

Mettez la glace entre 2 biscuits et roulez les côtés dans les pistaches hachées.

RIZ AU LAIT VANILLÉ

Préparation : 10 minutes

pour 4 personnes

180 g de riz rond à cuisson rapide
1 l de glace à la vanille
100 ml d'eau
4 cuillerées à soupe de confiture de fruits

recette

Faites fondre la glace avec l'eau dans une casserole. Ajoutez le riz et portez à frémissement. Couvrez et laissez reposer 5 minutes hors du feu. Versez aussitôt dans des bols et recouvrez de confiture.

CUPCAKES AU SUNDAE

Préparation : 5 minutes

pour 4 cupcakes

4 cupcakes à la vanille
4 boules de glace à la vanille
4 cuillerées à café de sauce au caramel et au chocolat
4 cerises au marasquin

recette

Coupez le sommet des cupcakes et le recouvrez-les d'une boule de glace.
Arrosez de sauce et posez une cerise sur le dessus.

CRUMBLE AUX POMMES

Préparation : 10 minutes

pour 2 personnes

300 g de pommes pelées,
épépinées et coupées
en morceaux de 1 cm
40 g de granola
40 g de sucre en poudre blond
1 cuillerée à soupe de jus de citron
20 cl de crème anglaise prête à l'emploi
25 g de beurre doux

recette

Faites revenir le beurre, les pommes, le sucre et le jus de citron 5 à 7 minutes, jusqu'à ce que les pommes soient tendres et légèrement caramélisées. Versez dans des bols et ajoutez le granola. Au moment de servir, arrosez de crème anglaise.

FONDANTS AU CHOCOLAT

Préparation : 24 minutes

pour 4 fondants

200 g de chocolat noir haché
85 g de sucre en poudre
35 g de farine tamisée
3 gros œufs
100 g de beurre doux à température ambiante + un peu pour les moules
cacao amer en poudre

recette

Préchauffez le four à 200 °C. Beurrez 4 moules à pudding (contenance : 250 ml). Faites fondre le chocolat et le beurre dans une casserole sur feu doux, en remuant. Fouettez les œufs et le sucre. Ajoutez le chocolat et la farine en continuant à fouetter. Versez dans les moules placés sur une plaque à pâtisserie et enfournez pour 14 minutes. Démoulez aussitôt les fondants sur des assiettes et saupoudrez-les de cacao.

CRÈME GLACÉE NUTELLA®-BANANE

Préparation : 5 minutes

pour 4 personnes

100 g de Nutella®
4 petites bananes surgelées
20 g de noisettes grillées légèrement écrasées
20 g de cacao amer en poudre

recette

Mixez les bananes, le Nutella® et le cacao dans un robot.
Formez des boules de crème glacée, mettez-les dans
des bols et parsemez-les de noisettes. Servez aussitôt.

INDEX

Crédits photographiques

Toutes les photographies de cet ouvrage sont de © Victoria Wall Harris, à l'exception des images suivantes :
© Deirdre Rooney : p. 127 à 137 ;
© Elisa Watson : p. 141, 143 et 153 ;
© Beatriz Da Costa : p. 145, 149 et 151 ;
© Lauren Volvo : p. 161 à 189.

Recettes : Frances Boswell, Anna Helm Baxter, Vivian Lui, Sue Quinn, Anna Shillinglaw Hampton, Giovanna Torrico, Amelia & Alex Wasiliev.

Édition : Sandrine Rosenberg

Mise en page : Graph'M

PAPIER À BASE DE FIBRES CERTIFIÉES

MARABOUT
s'engage pour l'environnement en réduisant l'empreinte carbone de ses livres.
Celle de cet exemplaire est de :
1600 g éq. CO_2
Rendez-vous sur
www.marabout-durable.fr

58, rue Jean Bleuzen
92178 Vanves Cedex

7888668/01

ISBN : 978-2-501-14499-5

Dépôt légal : octobre 2019

Achevé d'imprimer en septembre 2019
sur les presses de Stige en Italie